Notice

BIBLIOGRAPHIQUE ET LITTÉRAIRE

SUR QUELQUES

IMPRIMERIES PARTICULIÈRES DES PAYS-BAS.

NOTICE

BIBLIOGRAPHIQUE ET LITTÉRAIRE

SUR QUELQUES

IMPRIMERIES PARTICULIÈRES

DES PAYS-BAS;

Par Aug. Voisin,

BIBLIOTHÉCAIRE DE L'UNIVERSITÉ DE GAND.

SECONDE ÉDITION, REVUE ET AUGMENTÉE.

Gand,

L. HEBBELYNCK, IMPRIMEUR DU MESSAGER DES SCIENCES HISTORIQUES DE BELGIQUE,
Vieille Citadelle, N° 48.

1840.

Le savant M. Gabriel Peignot (1) et le spirituel et infaillible bibliophile M. Charles Nodier (2) ont consacré des
pages intéressantes à faire connaître quelques-unes des
imprimeries particulières de France, d'où sont sorties des
raretés et curiosités littéraires que les amateurs instruits
se disputent dans les enchères publiques. Il y aurait aussi
un chapitre curieux à écrire sur les productions de ces
typographies que des particuliers et des bibliophiles ont
érigées chez nous, en Belgique, soit dans un but d'amuse-
ment, soit dans un but d'utilité et pour suppléer à des
ressources que ne leur offrait pas l'esprit d'industrie.

La congrégation des Frères de St-Jérôme, dits Jéronymites, qui étaient de la règle des Frères de la Vie commune, s'adonnèrent principalement à copier des manus-

(1) *Dictionnaire raisonné de bibliologie*, III, 168 et suiv.
(2) *Mélanges tirés d'une petite bibliothèque*, pag. 173 et 305.

2

crits, surtout les livres des saints Pères, qu'ils transcrivaient et dont ils corrigeaient le texte d'après d'anciens manuscrits. Hors les heures consacrées à la prière et à des exercices religieux, ils n'avaient pas d'autre occupation. C'était un des principaux articles de leurs statuts et ceux d'entre eux qui auraient refusé de s'y soumettre, auraient été punis par la privation du manger ou du boire : *Scribere qui noluerit, substractione cibi aut potûs puniatur.* Ces religieux, si utiles, avaient pour fondateur le célèbre Gérard Groot, Gerardus Magnus ou Gérard le Grand, né à Deventer, en **1340**. Leur maison à Gand, existait déjà en **1433**, rue Basse de l'Escaut (Nederscheldestraet), dans le bâtiment qu'occupe de nos jours l'hospice dit des *Kulders* (1). Les Jéronymites rendirent dans l'ancienne

----

(1) Diericx, *Mémoires sur la ville de Gand*, II, 319. J. Molanus nous parle dans son ouvrage inédit intitulé : *Historiæ Lovaniensium libri XIV*, des Frères de la Vie commune ou chanoines réguliers de Saint-Martin de Louvain, établis au couvent de ce nom en 1433, et supprimés en 1744. Voici ce qu'il nous dit de ces Frères , au livre V, ch. 35.

§ 4. *De labore scribendi.*

1º In scribendo sacros libros Martinienses et Berthlemitas (maison de la Sᵗᵉ-Vierge, à Bethléem, près de Louvain) operam suam impendisse, prout adhuc faciunt, ex memoriis quorumdam defunctorum antea commemoratis animadverti potest.

2º De Walramo, priore primo Vallis S. Martini legitur : Auxit structuras, fratres conscribere libros octo horis jussit quolibet ipse die.

3º.Sunt, ait Gerson , uti accepimus, nonnulli professores regulæ beati Augustini, quos canonicos appellamus, apud Hollandiam, quorum labor

capitale de la Flandre de grands services, non seulement en s'adonnant avec zèle à la transcription des manuscrits, comme le prouvent plusieurs documents, mais encore en

scribendi pascit eos temporalibus subsidiis de pretio librorum, remanentibus apud se plurimis ad spirituale solatium in Tractatu de laudibus scriptorum initio Tomi I.

4° Sane Gerardus Magnus, Daventriensis, qui per se fundavit fratres bonæ voluntatis, et per Florentium discipulum suum canonicos regulares capituli Windeshemensis, valde voluit eos exerceri in describendis libris sacræ Scripturæ et Patrum.

5° Unde Martinensis conventus ab initio sese in describendis libris pie exercuit.

6° Immo, cum typographia adinventa esset, conati sunt etiam Martinenses, exemplo aliorum quorumdam regularium, quædam typis exprimere. Sed cum inde dispendium facerent, ab impressione mox cessarunt, contenti fere describere libros officii ecclesiastici, eo quod alii libri per typographos passim ederentur.

Ex indice statutorum capituli Windeshemensis:

57. Scribere qui noluerit, substractione cibi aut potus puniatur.

Cette citation de Molanus est extraite d'une note manuscrite de M. Van Hulthem, qui nous a fourni plusieurs renseignements concernant ces Frères de la Vie commune. M. Van Hulthem possédait une belle copie de l'histoire de Louvain par Molanus : elle était de la main de Paquot, et malgré toutes mes recherches, je n'ai pu la retrouver, lorsque je m'occupais de la confection de son catalogue. Il est probable qu'elle sera restée en Hollande, autant que j'ai pu le soupçonner d'après un passage de la lettre de M. Van Hulthem, adressée le 21 septembre 1830, de La Haye, à M. Delprat, ministre protestant à Rotterdam, auquel il donnait quelques indications sur les Frères de la Vie commune. Nous ne saurions trop signaler aux investigations des savants cette copie du manuscrit de Molanus : car on ignore totalement ce qu'est devenu l'original.

se livrant à l'instruction publique. A Gand, ils enseignaient le grec et le latin et formèrent de bons élèves, tels que notre célèbre Badius Ascensius, qui exerça l'art de la typographie d'abord à Lyon, ensuite à Paris ; Clusius, botaniste, non moins connu, etc. Ils avaient de semblables écoles, à Deventer, Bruxelles, Cambrai (1) et Grammont (2).

Lorsque l'imprimerie eut été découverte et importée en Belgique par Thiery Martens, d'Alost, les Frères de la Vie commune saisirent avec empressement ce nouveau moyen admirable de multiplier les productions du génie et bien plus rapide, selon l'expression du poète

(1) C'est en 1590 que Jacques de Croy, évêque de Cambrai, fit venir de Gand cinq *Frères de la Vie commune,* parmi lesquels on distingua long-temps le savant *Chrétien Masseeuw,* ou *Christianus Massæus.* On peut consulter, au sujet des services rendus à Cambrai par ces Frères, la *Bibliographie cambrésienne* de M. Arthur Dinaux, Douay, Wagrez aîné, 1822, in-8°, pag. 16 et 17 du *Discours préliminaire.*

(2) Decimo tertio Calendas septembris, in feriis Divi Bernardi, obiit Daventriæ Gerardus Groet, auctor eorum monachorum qui fratres se vocant, quique scholas literarias propemodum desitas aperire cœperunt : sed cum præter informem ævi illius ruditatem nihil scirent docere, parum profecerunt, donec primum per Italos priscus ille litterarum decor instauraretur. Daventriæ tandem scholam sua eruditione pulchrè illustravit Alexander Hegius, discipulus Rodolphi Agricolæ et præceptor incomparabilis viri Erasmi Rotcrodami. Tales scholæ fuere Daventriæ, Gandavi, Bruxellæ, Cameraci, et Gerardi Monti. *Meyer, Annales Flandr. ad ann.* 1384, fol. 201. B.

Laurent Valla , que celui que l'on avait connu jusqu'alors :

Quod vix in toto quisquam prescriberet anno,
Munere germano conficit una dies.

A Bruxelles, ces religieux furent les premiers et les seuls imprimeurs pendant le XVe siècle. La première de leurs productions, dont on peut voir la liste dans La Serna Santander et Lambinet, est de 1476. Ceux de Louvain voulurent aussi, à l'exemple de quelques autres réguliers, exercer l'art découvert par Guttenberg, et l'on vit sortir de leurs presses quelques ouvrages, mais en petit nombre, et que l'on ne connait plus de nos jours d'une manière positive. S'apercevant bientôt que la typographie, loin d'augmenter leurs modestes revenus, leur était au contraire préjudiciable, ils l'abandonnèrent et se remirent de nouveau à transcrire des livres de chœur, des missels, des psautiers et laissèrent à d'autres le soin d'imprimer.

Ces Frères imprimèrent aussi à Gouda, et Georges Braun prétend même qu'ils furent les premiers typographes de la Hollande. On ne connait pas les premiers ouvrages sortis de leurs presses, parce qu'ils firent paraître presque tous leurs livres, sans aucune espèce d'indication de lieu de ville ou de nom d'imprimeur. La bibliothèque de M. Van Hulthem possédait un de leurs ouvrages, avec leur souscription : c'est un *Breviarium... exactum a fratribus domus collationis sanctissimi Pauli Apostoli in Gouda, summo studio et vigilantia , anno MCCCCCVIII ,* in-fol. (1).

Tous ceux qui ont connu M. Van Hulthem, savent quelle estime il portait aux Hollandais : mais à l'exemple de ses amis La Serna Santander et Lammens, il fut toujours on ne peut plus opposé aux prétentions de Harlem (2), touchant la découverte de l'imprimerie. « Je ne serais pas éloigné de croire, avons-nous lu dans une de ses notes manuscrites, que les différentes éditions du *Speculum,* sans date et lieu d'impression, le *Doctrinale, des Donats, Pii secundi pro laude Homeri, præfatio in Homerum poetarum maximum, Guilliermus de Saliceto de salute corporis, cardinalis de Turrecremata de salute anime, Pii secundi pontificis Maximi contra luxuriosos et lascivos, ad Karolum Cypriacum tractatus de Amore,* ont été imprimés dans l'un ou l'autre des maisons des Frères de la Vie commune. » Et en effet, pourquoi ces religieux pour lesquels c'était un devoir quelquefois pénible de passer huit heures par jour à la transcription des manuscrits, qui

(1) *Bibliotheca Hulthemania,* I, n° 651. Dans la note bibliographique qui suit ce n°, M. Van Hulthem rapporte en entier le passage de George Braun sur les Frères de la vie commune de Gouda.

(2) En regard du portrait de Laurent Koster, inséré dans son exemplaire des *Origines typographicæ* de Meerman, n° 20,902 de son catalogue, M. Van Hulthem a placé celui de *Ricardus Tapperus Enchusianus,* qu'il prétendait avoir servi à faire ce qu'il appelait le soi-disant portrait de *Koster.*

étaient privés du boire ou du manger quand ils refusaient de vaquer à ce devoir, pourquoi, disons-nous, ces religieux dont un des statuts leur ordonnait de multiplier les exemplaires des ouvrages, n'auraient-ils pas été des premiers à cultiver un art qui abrégeait leur besogne d'une manière qui tenait du prodige? Il y a au moins en leur faveur une forte présomption, surtout quand on se rappelle l'esprit d'humilité qui caractérisait ces hommes modestes, et qui leur enjoignait de ne point faire connaître leurs travaux au monde.

Peu après le milieu du XVIe siècle, le vertueux Druitius, évêque d'Ypres, avait déjà établi une imprimerie particulière dans son palais épiscopal, quoique l'art de la typographie fut déjà exercé en cette ville avant 1550. Nous connaissons en effet les *Statuta* (1) *synodi diœcesanœ Yprensis, anni* 1577. *Ypris in œdibus Episcopi,* petit in-4°. Peu d'années après, un de nos savants qui a rendu d'immenses services à la science numismatique, Hubertus Goltzius (2), fondait à Bruges, une importante imprimerie dans sa propre maison, après son retour d'Italie, où il avait visité tous les musées avec soin, et où il avait obtenu le titre de citoyen romain. Goltzius fut aidé dans cet établissement par la munificence des frères Marc et Guy Lauwerin (3),

(1) *Biblioth. Hulthem.*, I, n° 804.

(2) Foppens, *Biblioth. belgica*, I, 406-7.

(3) L'auteur du spirituel article intitulé : *Du goût des Belges pour les livres, avant le XVIIe siècle*, inséré dans le vol. I des *Archives philo-*

seigneurs de Watervliet, amis, et protecteurs d'Erasme et des nombreux savants que comptaient alors les Pays-Bas. Il redoutait tellement les fautes d'impression qu'il *composa* lui-même, pour nous servir du terme technique, et imprima ses propres ouvrages, dont il grava également toutes les planches. Ses impressions, qui ont une place distinguée dans toutes nos bibliothèques, sont trop connues pour que nous en fassions l'énumération.

Un homme que la Belgique est fière de compter au nombre de ses enfants, « l'aimable et brillant prince de » Ligne, dont les ingénieuses productions ont été accueillies » avec tant d'empressement, et qui, par l'heureuse réunion » du noble caractère d'un ancien chevalier et des grâces » d'un courtisan français, jointes à l'originalité la plus » piquante, s'est acquis une égale renommée parmi les

---

logiques, écrit *Lauryns*, *Laureyns* ou *Laurin*, je pense que le véritable nom de ce Mécènes doit s'écrire Lauwerin, tel qu'on le lit toujours dans diverses chartes du XV⁰ et du XVI⁰ siècle, déposées aux Archives provinciales de la Flandre orientale et qui ont rapport à la seigneurie de Watervliet. Si ces deux frères aimaient les gens de lettres, ils chérissaient aussi les bons et beaux livres, et méritaient sous ce dernier rapport le nom des *Grolier* de la Belgique, car les reliures dont ils faisaient orner les ouvrages de leur bibliothèque sont aussi remarquables que celles du célèbre bibliophile français : ils portent aussi sur le plat, une inscription qui témoigne de l'obligeance de leurs anciens possesseurs : ***Ex libris Fratr. Laurinorum et amicorum***, mais qui souvent a dû causer la perte de bien des volumes. La bibliothèque de l'université de Gand possède quelques ouvrages qui proviennent de leur collection.

» guerriers et les hommes de goût (1), » l'illustre maréchal prince de Ligne, avait aussi fondé vers 1780, dans sa magnifique résidence de Belœil, une imprimerie complète. Jusqu'à présent on ne connaissait comme sorti des presses de ce château, qu'un livre fort recherché par nos bibliophiles, et dû à la plume féconde et spirituelle du maréchal, son *Coup-d'œil de Belœil. A Belœil de l'imprimerie du P. Charles de* — (Ligne). 1781, in-8° de 150 pages. Ce volume a été consulté avec fruit par le docteur Meisser, pour la rédaction de l'utile dictionnaire de la province de Hainaut, publié en 1835, dans l'établissement géographique de M. Ph. Van der Maelen.

Cinq ans après, le prince Charles de Ligne fit réimprimer dans son château, cet ouvrage si spirituel sous le titre suivant :

Coup-d'œil sur Belœil et sur une grande partie des jardins de l'Europe. Nouvelle édition, revue, corrigée et augmentée par l'auteur. A Belœil et se trouve à Bruxelles, chez F. Hayez, imprimeur-libraire, Haute-rue, MDCCLXXXVI, in-8° de 204. C'est bien réellement une nouvelle édition, plus ample et nullement une contre-façon, comme on l'a cru. Elle est faite avec les mêmes caractères, mais tirée sur du papier moins beau. Les exemplaires s'en rencontrent

(1) Voyez les notes du poème intitulé : Les Belges, par M. *Ph. Lesbroussart,* dans le volume de ses *Poésies.* Bruxelles, 1827, in-18, p. 51. La première édition de ce beau poème a paru, si ma mémoire ne me trompe, en 1810.

plus fréquemment dans les ventes, et elle paraît avoir été tirée à plus grand nombre.

J'avais déjà soupçonné ailleurs (1) que ce ne devait pas être là l'unique produit d'une imprimerie qui avait existé quatorze ans, puisque sa destruction date de la tourmente révolutionnaire de 1794. Mes soupçons ne tardèrent pas à se confirmer, quand à la seconde vente de la bibliothèque de feu M. Lammens, je vis et j'acquis deux jolis petits volumes fort peu connus et intitulés : *Mélanges de littérature. A Philosopolis*, 1783, in-18. La comparaison que je fis, avec le *Coup-d'œil sur Belœil*, des caractères, des fleurons et du papier, me convainquit à l'évidence qu'ils sortaient aussi de l'atelier typographique du célèbre maréchal (2).

---

(1) Voyez *Souvenirs de la bibliothèque des princes de Ligne, à Belœil. Seconde édition plus ample et publiée avant la première.* Gand, Annoot-Braeckman, 1839, gr. in-8° de IV et 24 pages. Tirés seulement à cent exemplaires (dont vingt sur double papier vélin) qui ne sont pas dans le commerce.

(2) M. Arthur Dinaux, dans sa notice sur le château de Belœil (*Arch. du Nord de la France et du Midi de la Belgique*, I, 455), dit que le prince de Ligne avait à lui, *dans son hôtel à Bruxelles*, des presses qui imprimaient ses œuvres, fantaisies, chansons, etc., et qu'en 1782, il en sortit trois jolis petits volumes in-18 de ses chansons. Nous avons de la peine à croire à l'existence de cette seconde imprimerie du prince à Bruxelles. Quant aux trois volumes qui en seraient sortis, nous regrettons que le savant et spirituel auteur de l'article sur le château de Belœil, n'en ait pas donné le titre.

La rareté de cette première édition des *Mélanges de littérature* du maréchal prince de Ligne, inconnue même à son biographe, M. Michaud jeune (1), provient de ce qu'elle aura été tirée à très-peu d'exemplaires, destinés à être donnés en cadeau aux savants et hommes de lettres, avec lesquels ce prince était continuellement en relation, tels que l'abbé De Lille, Voltaire, Schöfflin, D'Alembert, Rousseau, et vingt autres. En outre, le voile de l'anonyme, sous lequel l'auteur s'était caché, était peu propre à attirer l'attention publique sur cette publication. Aussi jusqu'à ce jour, ces deux volumes ont-ils passé à-peu-près inaperçus, quoiqu'ils renferment de fort bonnes choses, telles que la correspondance du Prince avec le savant Schöfflin et La Harpe, au sujet des campagnes de César et des Romains, correspondance pleine d'érudition et de science, et cette lettre à ses frères et amis, dans laquelle l'auteur déploie la plus douce et la plus aimable philosophie. D'autres belles pages encore sont celles de cette *Oraison funèbre*, consacrée par le Prince aux simples guerriers qui, faute de naissance et de bonheur, manquaient souvent autrefois de panégyristes.

Le premier volume des *Mélanges de littérature*, qui compte 162 pages, contient les morceaux suivants : Discours sur la profession des armes. — Dialogue des morts.

____

(1) *Biographie universelle,* **XXIV**, 483.

— Oraison funèbre. — Sermon aux soldats du régiment de Los-Rios. — Lettres à M. De la Harpe.

On trouve dans la second, qui comprend 147 pages : Lettres à M. Schöfflin. — De moi pendant le jour. — De moi pendant la nuit. — De moi encore. — Lettre à MM. tous deux frères et mes amis. — Mémoire pour mon cœur accusé. — Prophéties. — Mémoire sur Paris.

Je n'ai pu vérifier si tous ces morceaux avaient été réimprimés dans les *OEuvres complètes du prince,* Vienne et Dresde, 1807, 30 volumes in-12, cette collection étant peu commune en Belgique; mais j'ai pu me convaincre, que les lettres à M. Schöfflin et celle adressée à MM. mes frères et amis, étaient reproduites dans les *Lettres et Pensées du maréchal prince de Ligne,* publiées par Mme De Stael, Paris, 1809 in-8°, et dans les *OEuvres choisies,* 1 vol. in-8°, publiées, si je ne me trompe, par MM. de Propiac et Malte-Brun, recueil dont le prince fut si mécontent qu'il voulut en faire imprimer un autre lui-même; mais la mort ne lui en laissa pas le temps (1).

Pour compléter notre liste des productions typographiques connues de l'imprimerie de Belœil, nous recueillerons les titres des ouvrages suivants, qui sont malheureusement d'une rareté excessive.

Poésies du chevalier de Lisle (celui dont la correspondance a été publiée dans les *Tableaux de genre et d'his-*

(1) *Biographie universelle,* **XXIV,** 483.

toire, Paris, 1828), *de l'imprimerie particulière du prince Charles de Ligne,* 1782, petit vol., format cazin , pp. 96.

Cet ouvrage dont notre savant ami, **M. R. Chalons**, n'a jamais vu que deux exemplaires, paraît ne point avoir eu de titre imprimé. Il contient quelques contes assez libres et plusieurs morceaux adressés à Marie-Antoinette, et qui feraient douter des sentiments de piété de cette infortunée princesse, à certaine époque de sa vie. Dans la pièce intitulée *la Messe,* transcrite au n° 22, Ire série du *Bulletin du Bibliophile,* de Techener, il s'est glissé une grosse faute d'impression qui dénature singulièrement le troisième couplet. Au lieu de

> Après le *Sanctus,* chose étrange !
> *Au prône,* avec des mots latins , etc.

Lisez : *Le prêtre.*

Recueil de poésies légères du maréchal Prince de Ligne. 2 vol., format cazin. Premier volume, pp. 168; second, pp. 219.

Ces deux petits mirobolants volumes sont sans titre et n'en devaient pas avoir, car le premier commence par ces mots : *Point de titre, point de préface,* etc. Nous n'en connaissons que le seul exemplaire appartenant à M. R. Chalons, et que cet amateur distingué a acquis, par une de ces rares bonnes fortunes de bibliophiles, dans une vente du libraire Michel, à Bruxelles, pour cinquante centimes. Il paraît relié par une main princière : un artiste de profession n'eut pas fait aussi mal

Instruction secrette, dérobée à S. M. le roi de Prusse, contenant les ordres secrets , expédiés aux officiers de son armée, particulièrement à ceux de la cavalerie, pour se conduire dans la circonstance présente, traduit de l'original allemand, par le prince de Ligne. A Belœil et se trouve à Bruxelles, chez Hayez, imprimeur-libraire, rue Haute, MD.CC.LXXXVII, in-12, pp. VI et 125 (1).

Ainsi voilà bien, de compte fait, six ouvrages, formant huit volumes, dus aux presses particulières d'un prince qui ne dédaignait pas, dans les instants de loisir que lui laissaient la guerre et la diplomatie, d'exercer lui-même le noble art des Guttenberg, des Thierry Martens et des Plantin. Ces publications n'ont pas le seul mérite d'avoir vu le jour au château de Belœil et celui de leur rareté; elles ont encore une qualité bien plus précieuse à nos yeux; c'est celle d'être dignes d'une place distinguée dans la bibliothèque d'un homme de goût et sensible aux charmes de la littérature.

Heureux le bibliomane qui pourra un jour contempler sur ses tablettes la collection complète de ces neuf volumes et les montrer avec orgueil à ses amis! Jusqu'ici M. R. Chalons, à Bruxelles, président de la Société des Bibliophiles belges, en possède la série la plus riche : mais nous soupçonnons fort qu'il lui restera toujours quelque volume à désirer.

(1) *Bulletin du Bibliophile,* ut supra, article de **M. R. Chalons.**

Nous sommes fort tentés de croire que les *Poésies du chevalier de Lisle* et celles du Prince de Ligne forment les trois volumes dont parle M. Arthur Dinaux et qu'il ne lui a pas été possible de mieux décrire, faute de les avoir vus.

Un savant historien belge, qui fut membre de l'Académie de Bruxelles, le baron de Villenfagne, mort à Liége, en 1826, avait aussi, lorsqu'il était bourgmestre de cette ville, établi chez lui, à son usage particulier, une imprimerie complète : c'est de là qu'est sortie une des productions les plus rares de cet écrivain, la première édition de son *Histoire de Spa*, petit in-12 de 6 pages non chiffrées, 322 et 3, pour l'*errata*. Cette impression doit dater de 1791 ou 1792, époque à laquelle M. de Villenfagne était encore bourgmestre. La police ombrageuse de Napoléon, armée du décret de 1810, fit disparaître cette imprimerie fondée pour amuser les loisirs de ce savant (1).

De nos jours, ce pauvre Ch.-J.-B.-J. Delecourt, qu'une mort prématurée, causée par un travail excessif, a enlevé l'an dernier au milieu de ses importants et utiles labeurs, avait établi chez lui un petit atelier typographique anonyme. Possédé, dès l'âge de 15 ans, de l'innocente passion des livres, du fruit de ses épargnes il s'était monté sur une échelle bien minime à la vérité, une imprimerie où

(1) Voyez dans l'*Annuaire de l'Académie*, année 1836, la notice sur le baron de Villenfagne, communiquée par M. Chénedollé.

il employait paisiblement les heures de loisir que ses compagnons passaient soit à cheval, soit un fusil de chasse à la main. Deux opuscules, qu'à cause de leur grande rareté nous pouvons, sans exagérer, qualifier à-peu-près *d'introuvables,* épithète peut-être un peu trop prodiguée de nos jours, sont sorties des presses de ce bibliophile, alors encore enfant.

L'un est intitulé : *Almanach de poche d'un étudiant du collége de Mons.* MCCCCXXI. Très-petit format carré, de 29 p. Il contient un abrégé des réglements du collége, etc. et un calendrier où des noms d'auteurs remplacent les noms des saints et des aménités philologiques.

L'autre, dont on retrouvera le titre complet dans le *Bibliologue* (1) et dont un bibliophile seul, en faveur de l'exactitude passerait toute la crudité, est intitulé : *Journal*

____

(I) *Le Bibliologue de la Belgique et du Nord de la France, publié par* FRED. HENNEBERT, à Tournai, no 3 , pag. 53.

Il a été publié à Mons, par M. Camille Wyns, une brochure intitulée : *Notice sur M. Ch.-J.-B.-J. Delecourt, avocat, conseiller communal, membre de la commission des hospices civils, de la Société des sciences, des arts et des lettres du Hainaut et de celle des Bibliophiles belges, etc., décédé à Mons, le 4 juin 1839, âgé de trente-un ans, suivi de quelques mots prononcés sur sa tombe, par un de ses nombreux amis.* (Mons, typographie d'Em. Hoyois, 5 juin 1839 ; 8 pages in-8o). Nous avons nous-même, dans la préface de nos *Documents pour servir à l'histoire des bibliothèques publiques de la Belgique* (Gand, Annoot-Brackman, 1840, in-8o), donné quelques renseignements sur les ouvrages manuscrits laissés par M. Delecourt.

mordant, ou Mémoire historique , politique ,... flairant, récréatif et amusant, pour servir à l'histoire des Pays-Bas ou Ponant. Dedié aux chi...., etc., sans date (1820), petit format carré, de **49** pages. — Tiré seulement à **15** ou **20** exemplaires, qui furent distribués aux camarades de l'auteur.

Si la Belgique a possédé plusieurs *imprimeries particulières* qui n'avaient rien de mystérieux ni de contraire aux lois et créées, soit par un besoin de la localité, soit pour procurer un passe-temps agréable et instructif, nous ne saurions guères citer *d'imprimeries clandestines*, ateliers mystérieux et frauduleux, dont les productions furtives et anonymes, instruments des passions, appellent presque toujours la vindicte de la justice. La seule que nous connaissions fut formée par le célèbre abbé François-Xavier De Feller, né à Bruxelles en **1735**, et mort à Ratisbonne, en **1802**. Cet ecclésiastique avait été l'un des plus chauds défenseurs de la révolution brabançonne qu'il avait vigoureusement encouragée par ses écrits. Poursuivi et traqué de tous côtés par la police autrichienne, il fut se cacher en **1789**, dans une houillière du pays de Liége, dit-on, au fonds de laquelle il établit une imprimerie. C'est de là que tous les matins sortaient clandestinement ses feuilles révolutionnaires, qui se répandaient ensuite avec profusion dans le pays, sans que les limiers autrichiens eussent l'adresse d'en saisir les distributeurs.

D'autres couvents que ceux des Frères de la Vie commune se sont aussi livrés à l'art de la typographie dans les Pays-Bas. C'est ainsi que nous avons trouvé dans le catalogue des livres de feu M. Delbecq, instituteur à Gand, sous le n° 28, un opuscule ascétique sorti des presses des Chartreux, et intitulé :

Een devote meditatie of ouerdyncke aengaende de ceremonien ende tbediet van der misse. Gheprent Chartreusen theerne. Pet. in-8°, sans chiffres, mais avec signatures et réclames.

Le même amateur a possédé aussi dans sa riche collection bibliographique, le livret suivant, imprimé de même chez les Chartreux :

Een zoete daghelixghe oufenynghe om deuote meynschen te ouerdynckene. Gheprent om deuote theerne. Pet. in-8°, sans chiffres. Ces deux impressions paraissent dater de 1480 à 1485.

Le catalogue de M. Delbecq possède encore, n° 31, une impression des Frères de la Vie commune de Gouda, beaucoup plus intéressante que celle de M. Van Hulthem, indiquée ci-dessus, en ce qu'elle doit dater d'une époque bien antérieure. Elle porte pour titre :

Libellus de missæ devotissimus, seu explicatio mystica actionum missæ, auctore Francisco Goudano, canon. regulari, priore de Donck. In fine : *Ex domo fratrum in Gouda, cum fig. ligno incisis. Sine anno*, in-8°, caract. gothiques, sans chiffres, ni réclames. Avec **71** figures sur bois, qui représentent au recto la passion de N. S. J. C., et au verso, les cérémonies de la messe.

Un savant Orientaliste hollandais, Erpenius ou Thomas d'Erpe, né à Gorcum en **1584**, et mort en **1624**, fit graver à grands frais de beaux caractères arabes, et forma une imprimerie dans sa maison à Leyde, à l'exemple de Savary de Brèves, qui avait établi à ses dépens une imprimerie arabe à Paris. Il est sorti de ses presses treize ouvrages en langue arabe, les plupart in-4°, et qui se distinguent par la beauté des caractères et de l'impression. Son *Epitre de saint Paul aux Romains,* suivie de celle aux Galates, date de **1616**; elle n'offre ni les points voyelles, ni les signes orthographiques arabes, dont son imprimerie n'était point encore fournie alors. (1) Établie vers **1613**, l'atelier typographique d'Erpenius cessa ses travaux à la mort de son fondateur.

(1) On peut consulter sur cet Orientaliste célèbre et sur ses productions typographiques, les ouvrages suivants : *G. J. Vossius, orat. in obitum Th. Erpenii,* Leyde, 1625, in-4°; *P. Scriverius, Manes Erpeniani,* ibid., 1625, et la *Biogr. universelle,* **XIII**, 272, article de Jourdain.

Le dévouement d'Erpenius nous rappelle qu'un autre savant, le professeur Bekker, mort dernièrement à Liége, ne trouvant pas à Louvain, en 1826, d'ouvriers typographes assez instruits, *composa* lui-même son excellente grammaire hebraïque, qui parut chez les libraires Van Linthout et Van de Zande.

La célèbre abbaye de Bonne-Espérance, située près de Binche en Hainaut, supprimée en 1796, possédait aussi un atelier complet de typographie, d'où il est sorti de fort bons ouvrages. Nous regrettons de ne pouvoir en citer que le suivant.

Chronicon ecclesiæ B. Mariæ Virginis Bonæ-Spei ordin. Præmonstratensis : ex archivis ejusdem et quibusdam auctoribus compositum per R. D. J. Engelbertum Maghe, quadragesimum secundum abbatem. Bonæ-Spei, 1704. Pet. in-4°.

Cette précieuse chronique, tirée seulement à petit nombre, et distribuée par l'abbé Engelbert Maghe à ses amis, est fort intéressante et contient beaucoup de diplômes : elle est malheureusement très-rare. La bibliothèque royale de Bruxelles, fonds Van Hulthem, vol. IV, n° 25,200, en possède un très-bel exemplaire qui provient de la collection dn bibliophile J.-B. De Servais.

Cette chronique d'une abbaye célèbre est rare à l'égal des manuscrits : ce serait donc chose bien méritoire et utile à l'avancement des sciences historiques chez nous que d'en donner une nouvelle édition.

Ces données bibliographiques sont sans doute bien in-complètes; mais elles auront peut-être l'avantage d'éveiller chez nous le goût de recherches analogues, de la part des hommes qui s'occupent de cette intéressante partie de notre histoire littéraire : celle-ci ne pourra qu'y gagner, et c'est là notre unique but en publiant ces modestes recherches.

Recherches

LITTÉRAIRES ET BIBLIOGRAPHIQUES

SUR

QUELQUES ANCIENNES IMPRESSIONS DES PAYS-BAS.

En publiant, il y a très-peu de temps (1), la liste des ouvrages imprimés par notre célèbre Arend de Keyser, qui eut la gloire d'importer la typographie à Audenarde et à Gand, la perte d'une partie de notre manuscrit, nous a fait omettre deux opuscules fort rares, sortis des presses du même artiste : ce qui fait monter à dix le chiffre de ses impressions connues jusqu'ici. M. Du Puy de Montbrun, dans ses savantes *Recherches* (2), avait déjà indiqué exactement sept ouvrages publiés par Arend de Keyser : plus heureux que lui, nous avons eu presque toutes ces rarissimes éditions entre les mains, et nous avons cherché à les décrire avec tout le soin qu'il y eut mis lui-même, s'il se fut trouvé dans notre position. Voici les intitulés de ces deux précieux opuscules, qui serviront à compléter la liste de toutes les impressions connues d'Arend de Keyser :

(1) Recherches historiques et bibliographiques sur la bibliothèque de l'Université et de la ville de Gand. Gand, Annoot-Braeckman, 1839; in-8º de 82 pag., avec une pl. gravée.

(2) Recherches bibliographiques sur quelques impressions Neêrlandaises du XVᵉ et du XVIᶜ siècles. Leide, Luchtmans, 1836; in-8º de 98 pag., avec des planches xylographiques.

Tractatus de periculis circa sacramentum eucharistie contingentibus. Petit in-4°, sans date, de 12 pages non chiffrées; sur le frontispice, une figure gravée en bois, représentant la Sainte Cène.

Après ce titre, on lit à la seconde page: *Incipit tractatus de periculis que contingunt circa sacramentum eucharistie et de remediis eorumdem, ex dictis Sancti Thome de Aquino.* Souscription: *Explicit de suffragiis misse impressis Gandavi per Arnoldum Cesaris* (circa 1483).

Voici l'autre impression:

Tractaet van aliantie ende eendragticheyt tusschen die drie staten van den hertoghdom van Brabant ende die van Middelborch, Lutsenborch, Vlaenderen, enz.: souscription: *Ghedaen tot Ghent den eersten dach in mei* 1488. Petit in-folio, de 6 feuillets, à longues lignes, au nombre de 38 la page pleine; sans nom d'imprimeur et sans date, mais très-probablement de 1488.

Pour montrer que le dernier mot n'est pas encore dit sur notre Arend de Keyser, nous nous empressons de relever une erreur dont nous sommes seuls coupables et qui n'appartient nullement à M. Fr. Vergauwen, bibliophile instruit, qui a bien voulu nous aider de ses investigations particulières. Le *Liber domini Mancini de passione Domini*, n'est pas sorti des presses d'Arend de Keyser, comme nous l'avons écrit (1), mais bien de celles de son fils Pierre : ainsi donc nous serions parvenus à découvrir quinze impressions de ce typographe gantois, non compris le grand tableau avec les armoiries des nobles de Gand, pièce aussi précieuse qu'intéressante, qui fait partie du cabinet de M. l'architecte Goedtghebuer.

Nous appellerons en passant l'attention de tous ceux qui, comme nous, s'occupent d'études bibliographiques, sur

____

(1) Page 66 de nos *Recherches* déjà citées.

deux imprimeurs gantois, Simon de Cock et Judocus Petrus, de Halle, en Brabant. Nous avons déjà indiqué (1) une de leurs impressions de l'année 1513 : ils semblent avoir exercé leur art dans notre ville, même avant Pierre de Keysere, dont le premier livre avec date, connu jusqu'ici, remonte seulement à 1516.

Nous avons la douce jouissance de posséder dans notre petite collection particulière de raretés un mince in-quarto, dont l'énoncé va mettre en émoi tous les bibliophiles du département du Nord : c'est une grammaire latine, avec la date de 1518, imprimée à Cambrai, et dans laquelle l'on a fait l'emploi de quelques caractères grecs! Ainsi notre précieux in-quarto, qui ne porte malheureusement pas de nom d'imprimeur, reculerait de cinq ans pour Cambrai l'époque de l'introduction de l'imprimerie en cette ville, puisqu'il est plus vieux de cinq ans que le *Voyage de Jacques Le Saige*, auquel la plume facile et spirituelle de M. Aimé Le Roy a consacré un si charmant article dans les *Archives historiques et littéraires du Nord de la France et du Midi de la Belgique*.

Voici la description de notre volume :

Rudimenta grammatices ad instituendos iuvenes non parum conducentia. — τελος. *Impressum Cameraci. Anno Domini.* M. CCCCCXVIII. Sans nom d'imprimeur, in-4° de 6 feuillets. Beaux caractères gothiques.

Sans chiffres ni réclames, signatures Aii.—Aiiii. Au-dessous du titre sont des armoiries, probablement de Cambrai : au bas de la page, ce distique :

Διστιχον.

Si me forte legat : studii compulsus amore
Parvulus. Emuncta nare latinus erit.

Au verso du titre, on lit : *sequitur alphabetum grecum :*

(1) Mêmes *Recherches*, page 67.

cette page est consacrée seule et exclusivement à la connaissance et à la prononciation des lettres grecques : cette dernière était, à ce qu'il paraît, très-différente de la nôtre. C'est ainsi, par exemple, que le ζ se prononçait *zita*, η *ita*, θ *thita*, υ *gny*, τ *taf*, etc. Après l'explication des diphthongues *propres* et *impropres*, suivent cinq règles pour la prononciation. C'est à quoi se borne tout ce que notre grammairien avait probablement à enseigner sur le grec.

Nous transcrirons le premier paragraphe du second feuillet : il nous fera connaître ce qu'on entendait alors par Grammaire :

Rudimenta Grammatices.

Quam artem profiteris? Grammaticam. Quid est Grammatica? Est ars recte loquendi. Recteque scribendi. Unde dicitur Grammatica? ἀπο τῶν γραμμάτων. *Hoc est a litteris. Latine enim interpretatur grammatica litteraria. Quot sunt partes grammatices? Quattuor. Littera, Syllaba, Dictio et Oratio.*

Le reste de la grammaire, où tous les préceptes se réduisent en questions et en réponses, est consacré au développement très-succinct de ces quatre grandes divisions, ce qui nous fait supposer que le maître devait donner bien des explications verbales.

Les caractères grecs employés dans cet opuscule sont assez semblables à ceux dont on se servait alors en Italie, et Cambrai est jusqu'à ce moment la première ville du Nord de la France, qui aura eu l'honneur de faire usage de ces caractères. On sait que chez nous l'immortel Thierry Martens, qu'Erasme, qui s'y connaissait, saluait du titre de premier typographe des Pays-Bas, s'était déjà servi de caractères grecs dans quelques-unes de ses éditions latines de 1501 et 1502, et qu'il eut la gloire d'y imprimer le premier livre grec, en 1513, et non en 1516, comme le prétendait Lambinet. Voyez notre note au

N° **4223**, de la Biblioth. Hulthemiana , vol. I. La grammaire grecque de Luscaris, Milan , *per magistrum Dionysium Paravisinum*, 1476, in-4°, est regardée comme le premier livre imprimé en grec.

Si nous avions eu la faculté de comparer les caractères qui ont servi à l'impression de cet opuscule, avec ceux du voyage de Jacques Le Saige, peut-être reconnaitrait-on qu'il sort des presses de *Bonaventure Brassart demourant en la rue sainct Jehan empres la Magdelaine.*

Un haut fonctionnaire qui a laissé d'honorables souvenirs à Lille, M. le préfet Dieudonné, avait avancé, dans la *statistique*, exellente du reste, qu'il a donnée du département du Nord, en 1804, que la ville de Lille était la première de ce Département, qui eût eu l'honneur de posséder une imprimerie. Il citait à l'appui de son opinion le volume des poésies sacrées d'un poète lillois, *Francois Hœmus, Insulis apud Guilielmum Hammelin,* 1556. Depuis, de savantes recherches ont prouvé qu'on imprimait à Valenciennes en 1500 et à Cambrai en 1520, de sorte que Lille loin d'occuper le premier rang, n'en occupait plus que le troisième. Le peu de soin avec lequel les bibliographes et catalographes avaient transmis le titre de la première impression des poésies d'Hœmus, et d'autres observations qu'il serait trop long de rapporter ici, firent soupçonner que ce livre pouvait ne pas être sorti des presses lilloises. Des débats, aussi intéressants qu'instructifs, s'élevèrent à ce sujet dans la *Revue du Nord* et dans les *Archives du nord de la France et du midi de la Belgique.* M. Duthillœul, bibliothécaire de Douai, fut le premier, si nous ne nous trompons, à émettre de doutes fondés sur l'authenticité de l'édition lilloise, qui fut défendue, mais avec beaucoup de réserve, par M. Brun-Lavaine, archiviste de la ville de Lille et M. Dufaitelle, bibliophile à Calais. Mais la question resta indécise, faute de preuves.

Nous avons été assez heureux pour trouver, sous le n° **23,439**, dans le catalogue Van Hulthem, qui renferme tant de trésors bibliographiques encore inexplorés, la prétendue impression lilloise de 1556, livre *introuvable,* comme l'appellent MM. Dufaitelle et Duthillœul. Nous allons en donner une description exacte, qui, nous l'espérons, ne laissera plus le moindre doute, aux bibliophiles les plus incrédules.

Francisci Hemi Insulani, sacrorum hymnorum libri duo. Ejusdem variorum carminum sylva una. Insulis apud Gulielmum Hamelin bibliopolam sub insigni hominis sylvestris. M.D.LVI. In-16, de 85 feuillets chiffrés au recto seulement.

Ainsi donc Guillaume Hamelin, qui demeurait à l'enseigne de l'*homme sauvage,* était bien libraire, *bibliopola,* et non imprimeur, et si les catalographes n'eussent pas omis cette désignation, imprimée au titre même, il y a long-temps que le procès eût été jugé; ils auraient fait épargner bien *de l'encre et du papier :* mais nous y aurions perdu les curieuses recherches auxquelles ce débat a donné lieu.

Nous savons maintenant que Guillaume Hamelin était seulement libraire; mais il n'est pas moins intéressant de connaître quel est enfin l'imprimeur de ce livre *introuvable.* C'est ce que nous apprend le dernier feuillet non chiffré, sur le recto duquel on lit ces seuls mots, imprimés en gros caractères St-Augustin, qui contrastent singulièrement avec l'exiguité des caractères italiques du texte :

Impressum Parisiis per Michaëlem Fezandat.

Il ne reste plus par conséquent le moindre doute : la première édition d'Hemus a été imprimée à Paris, par *Michel Fezandat,* et j'en demande bien pardon à mes amis, les bibliophiles lillois; leur ville cesse non-seulement d'occuper le troisième rang dans l'ordre chronologique de l'introduction de l'imprimerie dans le département du Nord, mais elle est même rejetée jusqu'au commencement du XVIIe siècle, si l'on ne produit pas d'autre livre que celui cité par M. Duthillœul, comme la plus ancienne impression lilloise qu'il connaisse (1).

Quant à Michel Fezandat, il est bien connu : c'était un habile typographe qui imprima pour Jean Petit, François Regnault et Maurice de La Porte. Il avait pour marque la vipère qui s'attache, sans lui faire mal, au doigt de St-Paul, dans l'île de Malte, avec ces mots pour devise : *Si Deus pro nobis , quis contra nos?* (2) Le savant et infaillible bibliophile, Charles Nodier, cite, comme imprimé chez Michel Fezandat, le plus rare volume de la collection de Baïf (3) , qui résulte de l'association de ce poète avec d'Herberay des Essars et Nicolas Denisot , surnommé le comte d'Alsinois.

Si nous donnons quelque étendue à ces notes, c'est que l'Hemus de 1556, ce petit volume, si rare qu'on en a révoqué en doute l'existence, fixera non-seulement un point important de l'histoire d'une des plus admirables découvertes de l'esprit humain , pour ce qui concerne son introduction dans la capitale de la Flandre française , mais procurera encore d'utiles renseignements à notre histoire littéraire et aux annales de la ville de Lille.

Nous ne nous arrêterons pas à relever les erreurs bibliographiques commises dans l'indication des ouvrages d'Hemus, par Valère André, Sanderus, Swertius, Paquot et

(1) *Les Châtelains de Lille , par Floris van der Haer.* A Lille , 1611, chez Christofle Beys , imprimeur-libraire, rue de la Clef, à l'image de St-Luc. In-4°.

(2) *Jean de la Caille , histoire de l'imprimerie et de la librairie,* p. 116.

(3) *Tombeau de Marguerite de Valois.* Paris, Michel Fezandat, 1551, in-8. A-N-iiij. *Voy. Mélanges tirés d'une petite bibliothèque.* Paris, 1829 , pag. 265.

l'auteur du manuscrit de la Bibliothèque de Lille intitulé : *Auteurs et écrivains de Lille* (en latin) : ce travail nous conduirait trop loin. Plus heureux qu'ils ne l'ont été, puisque nous avons sous les yeux les trois volumes du poète lillois, nous allons nous efforcer d'en donner une description exacte et détaillée. Quant à des renseignements sur sa vie, on en trouvera suffisamment dans Paquot.

François Hemus, comme Ovide, ne paraît avoir écrit qu'en vers : dans toutes ses préfaces, dans toutes ses relations avec ses amis les plus intimes, comme le prouve la lecture de ses poésies, il dédaignait d'avoir recours à l'humble prose. C'était assez l'habitude de son temps et du siècle suivant, époque à laquelle la Belgique a produit tant de poètes latins.

Le premier livre des hymnes sacrées contient la paraphrase des sept psaumes de la pénitence et d'autres poésies analogues : le second, des hymnes en l'honneur des saints : dans le premier, on remarque une poème d'assez longue haleine sur la naissance du Christ, et dans le second un autre poème, adressé à une religieuse, et dont le sujet est l'éloge de la virginité.

Ses mélanges de poésies (*diversorum carminum sylva una*) qu'on pourrait appeler profanes, par opposition aux premières, commencent au feuillet 47, et la préface en est datée de Courtrai, 1er août 1554.

L'une des premières pièces de cette partie, et des plus importantes, est le poème sur l'incendie de Lille (1) en 1545, poème que Paquot croyait encore manuscrit, preuve

______

(1) L'historien le plus récent de Lille, **M. De Rosny**, consacre quelques lignes à ce terrible désastre, connu sous le nom de *grand feu de Lille*, et cite à ce sujet le titre du poème d'Hemus, *imprimé*, dit-il, *par Guillaume Hamelin, le plus ancien ou l'un de plus anciens imprimeurs de cette ville*. **Histoire de Lille**, Valenciennes, 1837, in-8°, fig., pag. 166.

qu'il n'avait pas vu l'édition dont nous nous occupons, et dont il donne le titre, bien que d'une manière incomplète. Si la lecture des odes de François Hemus nous rappelle souvent le prince des lyriques latins, par de nombreuses imitations, ses hexamètres nous prouvent qu'il avait fait des vers admirables de Virgile une étude bien assidue, car il lui arrive parfois de lui emprunter même des vers entiers. C'était chose permise alors, et nous pourrions citer vingt poètes latins modernes qui sont dans le même cas. Du reste ses poésies accusent beaucoup de facilité, une érudition aussi variée qu'agréable et un goût qu'on ne rencontre pas toujours dans les écrivains de cette époque.

Ce poème d'Hemus a dû produire, lorsqu'il parut, beaucoup d'effet, si nous en jugeons par les vers qu'adressa à l'auteur son ami François Simon, poète lillois, et dont nous traduirons quelques distiques :

«Félicite-toi, charmante Lille, et envoie en même temps » tes félicitations à ton poète. As-tu jamais pu espérer une » telle gloire? Déjà ton renom est illustre, si l'on considère » ta bravoure militaire, tes exploits guerriers et tes im- » menses richesses; maintenant ce livre va parcourir rapi- » dement les contrées les plus lointaines pour y accroître ta » renommée. Ton malheur fut heureux; cet incendie n'est » plus déplorable, puisqu'un tel poème consacre le souve- » nir de tes pleurs, etc. »

Parmi les autres pièces de ces mélanges, les unes sont traduites du grec, telle que le *Dialogue de Vénus et de Cupidon*, les autres sont des poésies fugitives adressées à des amis, quelques-unes d'entre elles appartiennent au genre dit *érotique* et *bachique;* mais la justice exige que nous disions à la mémoire d'Hemus, qu'elles sont écrites avec un profond sentiment des convenances et qu'on n'y trouve pas un vers qui puisse blesser l'oreille la plus délicate. Une circonstance que Paquot n'a pas connue, c'est qu'avant d'embrasser l'état ecclésiastique, Hemus avait éprouvé le plus vif attachement pour une jeune et modeste courtraisienne, nommée Isabelle Villemeyne, à laquelle il consacra deux odes charmantes. Par la première, il lui fait naïvement l'aveu de son chaste amour : la seconde accompagne l'envoi d'un recueil de prières qu'il avait traduites pour elle du latin. C'est pour ainsi dire un tendre et vertueux adieu, dans lequel il lui dit qu'ils se retrouveront enfin dans un monde meilleur, puisqu'il ne leur était pas permis d'être unis en celui-ci :

> *Quando hic (nescio sorte qua sinistra)*
> *Pertinaciter est negatum utrique.*

Nous allons passer aux autres poésies d'Hemus, qui sont plus connues, quoique leur apparition dans les catalogues soit infréquente. Le premier exemplaire appartient encore à la bibliothèque Van Hulthem, devenue aujourd'hui bibliothèque royale, à Bruxelles; le second est de la collection de l'université de Gand.

Poemata Francisci Hœmi Insulani, ad reverendum Patrem D. Joannem Loaeum, Præpositum Eversamensem ; jam primum in lucem edita. Antverpiæ, ex officina Christoph. Plantini, M.D.LXXVIII. In-16 de 198 pages.

- L'auteur du MS. de la bibliothèque de Lille, dont M. Brun-Lavaine nous donne l'extrait dans *la Revue du Nord*, février 1836, pag. 294, indique une autre édition qui serait publiée chez le même imprimeur, un an après, en 1579, édition inconnue à tous les bibliographes, et il omet celle de 1578, dont l'existence est bien réelle, puisque nous l'avons sous les yeux. Aussi ne balançons-nous pas à regarder comme une nouvelle erreur ce millésime de 1579 ; elle ne surprendra pas de la part d'un biographe qui néglige d'indiquer l'année de l'impression d'un livre dont il donne le titre, et qui confond un grand in-8° avec un in-16.

Notre volume contient :

1° Dix-huit pages, y compris le titre, de pièces préliminaires, parmi lesquelles une ode à la postérité (*Posteritati benevolæ*, pag. 8 à 16), dans laquelle le poète nous raconte toute sa vie. C'est là que Paquot a puisé les détails qui lui ont servi de matériaux pour son article biographique.

2° *Funebrium libri duo : prior ecclesiasticorum habet tumulos, alter laïcorum* (pag. 19-139).

3° *Miscellaneorum carminum liber primus sacra complectens* (pag. 140-204). — *Liber secundus complectens profana* (pag. 205-245). — *Liber tertius partim ethica, partim encomiastica complectens* (pag. 246-298).

Ce volume, comme l'indique le titre : *pœmata jam primum in lucem edita,* ne contient aucune des pièces qui ont paru dans l'édition de Paris, 1556.

Pœmata Francisci Hœmi, Insulani, jam tertio in lucem edita. Cortraci, apud Joannem Van Ghemmert, ad D. Martini, in tribus Columbis. M.D.C.XXX. In-8° de 282 pages, y compris 4 feuillets non chiffrés, pour la dédicace et trois pièces de vers adressées à Hemus, les deux premières par Guillaume De Steenhuyse, l'un de ses anciens élèves, la troisième par un médecin de Courtrai, Jean Stullius.

Comme il n'y a que 4 feuillets de liminaires, le texte devrait commencer pag. 9, tandis qu'il ne commence que pag. 17. La *réclame* du 4° feuillet indique cependant que l'exemplaire est complet, et que Jean Van Ghemmert, qui a imprimé d'abord le texte de l'auteur, a donné à la première page le chiffre 17, parce qu'il espérait probablement que les liminaires auraient occupé deux feuilles et non une seule.

Jean Van Ghemmert, que nous avons tout lieu de regarder comme le premier imprimeur de Courtrai, mais qui avait déjà imprimé auparavant (en 1627), avait pour fleuron trois colombes, avec cette légende entre deux cornes d'abondance : *Estote simplices sicut colombæ :* au bas, les armes de la ville entre des livres ouverts.

L'on se tromperait fort, si l'on croyait, sur la foi du titre, que cette édition est la troisième des œuvres d'Hemus : elle n'est que la réimpression fidèle des poésies éditées chez Plantin, en 1578, moins les dix-huit feuillets de pièces préliminaires, dont plusieurs, l'ode entre autres à la postérité, méritaient assurément les honneurs d'une nouvelle édition. Cette erreur, commise par le magistrat de Courtrai (*senatus populusque Cortracencis*), qui a pompeusement dédié cette réimpression au très-noble seigneur Guillaume de Steenhuyze, conseiller du roi, etc., etc., provient de ce que l'édition de 1556, étant déjà devenue d'autant plus rare qu'elle avait été imprimée hors du pays, on a pu croire, faute de les avoir comparées, qu'elle était d'un contenu identique avec celle de Plantin.

Guillaume Hamelin, qui vendait à Lille, mais n'imprimait pas les poésies d'Hémus, en 1556, était déjà libraire dans la même ville et demeurait sur le marché au Blé, en 1539 : il faisait alors imprimer pour son compte chez un célèbre typographe gantois, Josse Lambert, dont nous avons rencontré le livre suivant, qui n'est cité à ce que nous sachions, par aucun bibliographe : ce livre, dont nous possédons une copie manuscrite, étant singulièrement intéressant sous le rapport historique, nous ne craignons pas d'en donner le titre en entier, quoiqu'il soit un peu long :

Sensuyvent les triomphantes et honorables entrées, faictes par le commandement du roy tres christien Francoys premier de ce nom, a la sacree Majesté Impériale Charles V. de ce nom tousiours auguste, es villes de Poictiers et Orleans. Avecque la harengue faicte par le baillif Dorleans a sa dicte M. I. et la responce de sa dicte M. au dict Baillif.

Item le honorable recueil que luy feit le dict roi tres christien, a son entree du Chasteau de Fontayne Bleau. Lan M. D. XXXIX.

Item le complainte de Mars Dieu des bataylles sur la venue de Lempereur en France, par Claude Chappuys varlet de Chambre du roy. Le tout imprimé sur la copie de celles, lesquelles ont été imprimees à Paris, par prévilege du roi et diffences.

Item un epigramme de Clement Marot, sur la venue de Lempereur en France. On les vent a Lille par Guillaume Hamelin, Librayre demourant sur le marche au Blé, dudict Lille. Souscription : *Imprimé à Gand, pres lhostel de la ville par Josse Lambert, Lan* 1539. Petit in-8° de 32 feuillets.

Ce Joos Lambert, qui signait Lambrecht, quand il imprimait un ouvrage en flamand, était un homme fort remarquable, bien que nos biographes n'aient pas pensé à s'occuper de lui, injustice que du reste il partage avec bien d'autres encore : il fut tout à la fois philologue, grammairien, imprimeur et graveur : peu de typographes surpassaient en son temps la beauté de ses impressions, celles surtout de ses gravures, de ses empreintes de monnaies, et l'on sait avec quelle ardeur les bibliophiles belges et français recherchent ses ouvrages sur les monnaies. Nous avons recueilli sur Josse Lambert des renseignements que nous céderons avec bien du plaisir à la personne qui aurait le loisir de lui consacrer une notice biographique.

Un autre typographe gantois, également fort remarquable, mais à un moindre degré peut-être, est Henri van den Keere, éditeur du célèbre voyage en Orient du seigneur Joos van Gistele. Ce livre étant excessivement curieux, nous croyons devoir en examiner la forme avec quelque attention : quant au voyage proprement dit, l'excellent article que lui a consacré M. Schayes, dans le *Messager des Sciences et des Arts*, anneé 1836, nous dispense d'en parler.

Voici la description de l'édition *princeps* de ce voyage dont nous devons la publication et l'impression au zèle de Henri van den Keere :

Tvoyage van Mher Joos van Ghistele, oft anders, texcellent groot, zeldsaem ende vremd voyage, ghedaen by wylent, Edelen ende weerden Heere, Mher Joos van Ghistele. In zynen levene riddere, Heere van Axele, van Maelstede ende van den Moere, etc. Tanderen tyd viermael voorschepene van Ghendt. Tracterende van veelderande wonderlicke ende vremde dynghen, geobserveerd over d'zee, in den landen van Sclavonien, Griecken, Turckien, Candien, Rhodes en Cypres. Voords ooc in den lande van Beloften, Assirien, Arabien, Egypten, Ethyopien, Barbarien, Indien, Perssen, Meden, Caldien ende Tartarien : met der gheleghentheden der zelver landen ende meer ander plaetsen, Insulsen ende steden, van Europen. — Te Ghendt, by Henric van den Keere, ghezworen drucker van 's conynghs, ons gheduchte Heeren Munten, M.CCCCC.LVII. Met gratie ende privilegie van vier jaren. In-4°, caract. goth.

Au titre est le fleuron de l'imprimeur, représentant un cadran solaire, au milieu duquel se trouve une tête de mort. Autour on lit : *Aenziet theynde, Van den Keeren.* Au verso, les armes de Messire Philippe de Liedekeercke, auquel l'ouvrage est dédié.

Le volume contient d'abord six feuillets, non cotés, de liminaires ; on y lit :

1° L'épitre dédicatoire de l'imprimeur (en français).

2° Un avertissement de l'imprimeur au lecteur (en flamand).

3° La liste des auteurs cités dans l'ouvrage.

4° La préface d'Ambroise Zeebout, prêtre, rédacteur de la relation du voyage.

Suivent 348 pages chiffrées de texte, à la fin desquelles on voit page 346, les armes de Josse van Ghistele, gravées en bois; page 347 et 348, une pièce de vers de Henry van den Keere, fils de Henri, à la louange de Van Ghistele, et enfin le privilége, daté de Bruxelles le 6 juin et le 5 août 1556.

Ce privilége accorde aussi à Henry van den Keere, la permission d'imprimer les ouvrages suivants, que nous n'avons jamais vus et que nous recommandons aux recherches de nos bibliophiles, le dernier surtout : *Commentaria Plutarchi Chœronis de esu carnium. — Item, ejusdem de superstitione. — Item, de complurium amicitia. — Item, Flores Terentie ex Heantontumerumeno, vernaculo Flandrorum idiomate.*

L'éditeur était un homme instruit, comme l'était à son époque, la plupart des imprimeurs : il paraît même qu'il s'était livré à la noble et pénible fonction d'instruire la jeunesse, car son épitre dédicatoire est ainsi datée : *A Gand, de nostre Escole Francoise, ce samedi XI de juillet l'an de grace M.D.LVI.* Il nous raconte, dans les termes suivants, comment l'envie lui prit de publier le voyage de Van Ghistele.

« Or est advenu, comme j'ai eu toutjours le cœur à
» l'estude, et esté curieus de livres et bones lettres, que
» cest yver passé soit tombé en nos mains le livre contenant
» le discours de tres excellent, loingtain, rare et estrange
» Voyage, de, feu bone memoire, Mon seigneur, Monsieur
» Josse de Ghistelles, à qui Dieu absolve, Pere-grand de
» ma Dame vostre espouse Marie, Dame des Fossez, et de
» Heule, etc. En lisant lequel, j'y trouvai si bon goust et
» saveur, tant à cause de la bone phrase et elegant stile

» (pour le temps qu'il fust escript) que pour la belle, ex-
» presse et ample déclaration des lieus y allégués : choses
» admirables et cas estranges y contenus, envie m'est prins
» de le mettre en lumière et imprimer. »

Il nous apprend ensuite qu'il avait l'intention de le tra-
duire en francais : « Pour l'assurance de laquele (votre
» protection) je ne craindrais la dent de l'envieuse ver-
» mine, ains m'auseray advancer, pour l'edvenir, de le
» faire parler françois, si vous et le temps me le permettez,
» avec l'ayde du souverain seigneur et créateur de toutes
» choses. »

M. Schayes indique, au commencement de son intéressant article, une édition de cet ouvrage qui aurait été
faite à Louvain, en 1530 ; c'est là évidemment une erreur,
qu'il est important de rectifier dans l'intérêt de nos études bibliographiques, car cette édition n'a jamais existé.
Nous nous étions d'adord livrés à des recherches pour la
découvrir, car c'eut été une bonne fortune pour nous, et
ne pouvant parvenir à arriver à notre but, nous nous
sommes adressés à M. Schayes lui-même, qui a reconnu
avec nous qu'elle n'existait pas. Au reste l'épitre dédicatoire
de H. Van den Keere, de l'édition de 1557, prouve à l'é-
vidence que l'impression de cette année est bien la première.

A. VOISIN.

BIBLIOGRAPHIE.

*Statistique des bibliothèques publiques de la Belgique,
comparées à celles de l'Allemagne,*

Par M. A. Voisin,

Correspondant de l'académie royale de Bruxelles.

Nous avons présenté l'année dernière à l'académie une statistique des bibliothèques publiques du pays : de nouvelles recherches, faites à l'occasion d'une *Histoire des bibliothèques de la Belgique* que nous sommes sur le point de faire paraître, nous ont fourni les moyens de rectifier cette statistique dans quelques parties, et de l'étendre aux collections littéraires et scientifiques de quelques grandes institutions, dont l'accès, sans être public, est cependant ouvert aux hommes de science. Prenant pour base de la population de nos villes les *Documens statistiques, publiés par M. le ministre de l'intérieur*, 3e volume, Bruxelles, 1836, grand in-4°, nous avons établi le rapprochement existant entre le nombre des habitans de chaque ville et le nombre des volumes imprimés mis à leur disposition. Pour démontrer ensuite combien nos bibliothèques sont inférieures sous le rapport de leurs richesses littéraires à celles d'Allemagne, nous avons fait les mêmes recherches pour les principaux dépôts publics de ce dernier pays :

VILLES.	BIBLIOTHÈQUES.	VOLUMES impr.	MANUSCRITS.
Anvers. . .	Bibliothèque de la ville. . . .	14,000	26
Bruges. . .	— id.	10,000	336
— . .	— du séminaire . .	7,000	Quelques ms.
Bruxelles. .	— royale	70,000	25,000
— . .	— de la ville. . . .	100,000	—
— . .	— paroissiale . . .	10,000	—
— . .	— des bollandistes.	6,000	—
— . .	— du sénat	3,000	—
— . .	— des représentans	5,000	—
— . .	— de l'académie. .	1,600	—
— . .	— de l'observatoire	750	—
— . .	— de l'école milit.	1,500	—
Courtrai . .	— Goethals	12,000	500
Gand . . .	— de l'université. .	55,922	576
— . . .	— du séminaire . .	8,000	—
— . . .	— paroissiale . . .	1,700	—
Liége . . .	— de l'université. .	62,000	409
— . . .	— du séminaire . .	14,000	Quelques ms.
Louvain . .	— de l'université. .	100,000	246
— . .	— des jésuites . . .	22,000	—
Malines . .	— sémin. archiép.	30,000	100
Mons. . . .	— de la ville. . . .	12,500	310
Namur. . .	— id. . . .	15,000	80
— . .	— du séminaire .	11,000	—
Termonde .	— paroissiale . . .	4,500	—
Tournai . .	— de la ville. . . .	27,800	127
— . . .	— du séminaire . .	5,800	130
— . .	— épiscopale. . . .	9,150	—
Ypres . . .	— de la ville. . . .	2,000	—

En comparant les populations des villes avec le nombre des volumes dont elles peuvent jouir librement, on trouve les rapports suivans :

BIBLIOTHÈQUES.	Nombre DES VOLUMES imprimés.	POPULATION.	Nombre DE VOLUMES pour 100 habitans.
1. Bruxelles (les 2 bibl.)	170,000	102,802	165
2. Louvain.	100,000	24,342	410
3. Liége	62,000	59,810	105
4. Gand	55,922	86,564	64
5. Tournai.	27,800	29,180	95
6. Namur	15,000	19,921	75
7. Anvers.	14,000	75,562	18
8. Mons	12,500	23,081	54
9. Courtrai.	12,000	18,858	63
10. Bruges	10,000	42,421	23
11. Ypres.	2,000	14,000	13
TOTAL.	481,222	507,168	Moy. 95

Quelques-unes des principales bibliothèques d'Allemagne, prises au hasard, selon les renseignemens fidèles que nous avons pu trouver, nous donnent les rapports suivans :

BIBLIOTHÈQUES.	Nombre DES VOLUMES imprimés.	POPULATION.	Nombre DE VOLUMES pour 100 habitans.
1. Munich	540,000	60,000	900
2. Berlin	300,000	192,000	156
5. Stuttgart	300,000	60,000	500
4. Vienne	280,000	270,000	105
5. Wolfenbuetel	280,000	6,600	4,242
6. Dresde.	260,000	50,000	520
7. Gœttingen.	250,000	10,000	2,500
8. Bonn	200,000	10,600	1,886
9. Breslau	200,000	70,000	285
10. Iéna.	135,000	10,152	1,332
11. Fribourg	100,000	10,000	1,000
12. Heidelberg	100,000	12,318	812
15. Carlsruhe	90,000	17,000	588
14. Francfort	50,000	50,000	100
15. Wiesbaden.	40,000	10,000	400
TOTAL	3,129,000	838,660	Moy. 373

Ainsi, tandis qu'en Belgique, la moyenne des livres mis
à la disposition du public n'est que de 95 volumes par cent
habitans, elle est en Allemagne de 373 volumes. Nos bibliothèques, comparées même à celles des villes des dé-
partemens français, leur sont également fort inférieures.
Nous ne parlons pas de celles de Paris, dont la bibliothèque
royale (700,000, vol.) contient environ un tiers en plus de
volumes imprimés que toutes les bibliothèques publiques
de la Belgique, qui n'en comptent ensemble que 481,222.

En Allemagne, beaucoup de villes de 10,000 âmes et au-dessous ont des bibliothèques considérables : chez nous, nous sommes loin d'être encore aussi avancés ; la liste suivante des villes qui n'ont encore aucune espèce de bibliothèque, ni publique, ni paroissiale, en est une preuve. Nous avons emprunté le recensement officiel arrêté au 1er janvier 1836.

Verviers	(province de Liége)	18,878 habitans.
St-Nicolas	(Flandre orientale). . . .	16,825 —
Lokeren	(idem.)	16,173 —
Alost	(idem.)	14,807 —
Lierre	(Anvers)	13,090 —
Turnhout	(idem)	12,909 —
Renaix	(Flandre orientale)	12,292 —
Ostende	(Flandre occidentale) . . .	11,912 —
Thielt	(idem.) . . .	11,633 —
Poperingue	(idem.) . . .	10,119 —

Le seul but de ces recherches a été de montrer au gouvernement, aux chambres et aux administrations communales la nécessité de porter peu à peu nos dépôts littéraires et scientifiques au degré d'utilité et d'importance que ces établissemens ont acquis dans les autres pays.

A l'appui de son projet d'un catalogue général d'histoire des Pays-Bas, à l'usage de toutes les bibliothèques de la Belgique, projet dont s'était déjà occupé en 1827 le gouvernement précédent ; M. Voisin met sous les yeux de l'académie un exemplaire du catalogue général des onze bibliothèques maritimes de France, offert par M. l'amiral Duperré, ministre de la marine et des colonies de ce royaume, et imprimé aux frais du gouvernement. M. Voisin donne ensuite lecture : 1° d'une lettre de M. l'amiral Duperré ; 2° d'une lettre de M. Bajot, inspecteur-général des bibliothèques maritimes de France, et 3° d'une lettre de M. Levot, bibliothécaire de Brest. Ces lettres, qui fournissent des renseignemens sur les moyens d'exécution employés pour arriver à la confection de l'important catalogue des livres composant les onze bibliothèques maritimes de France, sont remises à la commission chargée de faire un rapport sur le projet présenté par M. Voisin.